# L'AMOUR
de
# LA PATRIE

PIÈCE

EN UN ACTE, AVEC COUPLETS.

PAR

## M. HENRIOT

PARIS

E. DENTU, ÉDITEUR

LIBRAIRIE DE LA SOCIÉTÉ DES GENS DE LETTRES

PALAIS-ROYAL, 17 ET 19, GALERIE D'ORLÉANS

—

1869

# L'AMOUR
# DE LA PATRIE

PIÈCE

EN UN ACTE, AVEC COUPLETS

REPRÉSENTÉE POUR LA PREMIÈRE FOIS SUR LE THÉATRE DE CLUNY
LE 15 AOUT 1869

DIRECTION H.-B. LAROCHELLE

# L'AMOUR
## DE
# LA PATRIE

PIÈCE

EN UN ACTE, AVEC COUPLETS

PAR

## M. HENRIOT

## PARIS

E. DENTU, ÉDITEUR

LIBRAIRIE DE LA SOCIÉTÉ DES GENS DE LETTRES

PALAIS-ROYAL, 17 ET 19, GALERIE D'ORLÉANS

—

1869

| PERSONNAGES. | ACTEURS. |
|---|---|
| JEANNE MORIN, ex-vivandière, 55 ans... | M^lle E. Petit. |
| FRANÇOIS MORIN, son fils aîné soldat, 25 ans................ | MM. Lenormand. |
| MICHEL MORIN, son second fils, 21 ans... | Laboureau. |
| MATHURIN, fermier, 60 ans............ | Lamarque. |
| MARIETTE, sa fille, 17 ans.......... | M^lle Florence. |
| BENOIT, maître d'école et secrétaire de la mairie, 60 ans............. | MM. Bellot. Hartmann. |
| PLACIDE, garçon de ferme (bossu), 20 ans. | Aristide. |

S'adresser pour la mise en scène à M. Degoff
au Théâtre de Cluny.

# L'AMOUR
# DE
# LA PATRIE

Le théâtre représente une place de village en Lorraine. — A droite, une auberge avec cette enseigne : *A la vivandière*. A gauche, l'entrée d'une ferme.

### SCÈNE PREMIÈRE.

MARIETTE, sortant de la ferme, et balayant.

Allons, dépêchons-nous. C'est demain la fête du pays, et mon père ne plaisante pas avec le devoir. Le travail d'abord, le plaisir après. (Appelant.) Placide! Placide! — Allons donc, paresseux.

### SCÈNE II.

MARIETTE, PLACIDE.

PLACIDE, paraissant en pantalon et en chemise ; ses bretelles tombent sur ses mollets.

Me voilà, mon Dieu, me voilà. C'est-y ben la peine de crier toujours après moi! Mon parrain veut pas qu'on me tarabusque, d'abord.

MARIETTE.

Eh ben, lève-toi plus tôt, paresseux.

## PLACIDE.

Paresseux, paresseux... c'est toujours ce qu'on dit à ceux qui travaillent; mais ceux qui ne font rien, on les appelle jamais paresseux.

## MARIETTE.

C'est bon, en v'là assez. Va vite ouvrir aux bêtes et les mener dans le champ aux luzernes et aux sainfoins. Vite, vite, dépêchons, propre à rien.

## PLACIDE, finissant de s'habiller.

C'est bon, mon Dieu, c'est bon, n'en v'là z'assez. Comme vous êtes dure à pauvres gens. C'est-y parsqu'on vous aime que vous êtes comme ça pour moi? car je vous aime à renier mon âne, comme on dit à la ville.

## MARIETTE.

C'est possible, je le sais bien, mais moi, je ne vous aime pas.

## PLACIDE.

Oh! Pourquoi?

## MARIETTE.

Pourquoi?

## PLACIDE.

Voui. L'pourquoi.

## MARIETTE.

Parce que vous êtes méchant, curieux, bête et laid. Voilà l'pourquoi.

## PLACIDE.

Laissez-moi donc! C'est pas tout ça. D'abord, je suis ni pu laid ni pu bête qu'un autre; seulement vous aimez l'fafiot à la mère Morin, la vivandière; n'en v'là l' pourquoi qu'vous n' m'aimez pas.

## MARIETTE.

Eh ben, quand ça serait!

## PLACIDE, l'imitant.

Quand ça serait! (Haussant les épaules.) Ça serait qu'ça y est. Ça, ça y est.

MARIETTE, le poussant dehors.

En v'là assez, va faire ce que j't'ai dit, va.

PLACIDE.

Me v'là que j'y vas. Mon Dieu! vous n'êtes pas ma parraine, vous, et vous êtes pu dure que mon parrain. C'est bon! nous verrons, nous verrons ben. (Il sort.)

## SCÈNE III.

MARIETTE, puis MICHEL.

MARIETTE.

Quel insupportable animal! L'épouser, lui! J'aimerais mieux coiffer sainte Catherine toute ma vie. (En ce moment, on entend une voix de femme venant de droite, qui dit impérieusement : Il le faut! fais ce que je te dis! Je le veux!...)

MICHEL, entrant de dos.

On y va, mon Dieu, on y va, ma mère, puisque vous le voulez. (Se retournant et voyant Mariette.) Ah! c'est vous, mamzelle Mariette. Eh ben, en v'là ben d'une autre!

MARIETTE.

Quoi donc, Michel? vous êtes tout défait!

MICHEL.

Je suis tout défait! Je crois ben, on le serait à moins.

MARIETTE.

Mais qu'est-ce qu'y a? Voyons!...

MICHEL, se remettant un peu.

Voilà. Vous savez que ma mère, une vieille de la vieille, qui ne plaisante pas, et qui pendant vingt ans a servi la goutte et la soupe à nos vieux soldats, n'a pas de nouvelles de mon frère aîné qui est tombé à la conscription il y a trois ans et qui est parti....

MARIETTE.

Oui, nous savons ça.

MICHEL, *continuant.*

Qui est parti pour l'armée d'Italie avec l'Empereur.

MARIETTE.

Eh ben?

MICHEL.

Eh ben, comme depuis six mois elle n'a pas pu avoir de ses nouvelles, elle se figure qu'il est mort.

MARIETTE.

Comment?

MICHEL.

Oui, elle croit qu'il a été tué par les Autrichiens, et comme elle ne peut pas les souffrir, savez-vous ce qu'elle veut que je fasse?

MARIETTE.

Non.. quoi?... voyons!

MICHEL.

Elle veut que je m'enrôle immédiatement, sous prétexte que je dois venger mon frère.

MARIETTE.

Comment, elle veut?...

MICHEL.

Oui, mamzelle Mariette, elle veut que je vous abandonne, pour embrasser...

MARIETTE.

Hein?

MICHEL.

L'état militaire.

MARIETTE.

Allons donc, c'est impossible!

MICHEL.

C'est ce que je me dis : c'est impossible! Comment! mon frère est sous les drapeaux, je suis exempt de droit... bien... il se bat et se couvre de gloire à ma place... bon! Alors, moi, je peux me marier, avoir des enfants, travailler à leur bonheur, car enfin, si y en a qui détruisent, il en faut qui... fassent le contraire. Moi, j'aime pas la gloire... j'aime mieux Mariette et les moissons... Chacun son goût!

MARIETTE.

Vous avez bien raison, monsieur Michel; mais ne vous désespérez pas... mon père parlera à la mère Morin, et tout s'arrangera.

MICHEL.

Dieu vous entende, mamzelle; mais c'est égal... c'est bien triste d'aller s'inscrire soi-même!... Oh! mon Dieu, mon Dieu!...

## SCÈNE IV.

### Les Mêmes, MATHURIN.

MATHURIN, entrant du fond.

Eh ben... eh ben... qu'y a-t-il donc, Michel?

MICHEL.

C'qu'y a, monsieur Mathurin... v'là-t-y pas que ma mère veut que je me fasse soldat, sous prétexte de venger mon frère... qui est mort, à ce qu'elle croit, à l'armée d'Italie.

MATHURIN.

Allons donc... ta mère?

MICHEL.

Oui, monsieur Mathurin... et ça, juste au moment de notre mariage... quand tout le monde est d'accord... vous, ma mère, mamzelle Mariette et moi... C'est-y pas une désolation?

MATHURIN.

Assurément... mais rien n'est encore décidé.

MICHEL.

Mais si... tout... elle veut que je parte de suite... Je vous demande un peu si ça a du bons sens! Autrefois c'était bon, dans l'ancien temps... on n'avait pas besoin d'argent : à Rome, on s'habillait tout nu... voyez plutôt les images du cabaret du père Grinchu... Mais aujourd'hui faut des belles robes !... et autre chose... N'est-ce pas, mamzelle Mariette ?

MARIETTE.

Sans doute, monsieur Michel. Voyons, petit père...

MATHURIN.

Allons, mes enfants, ne vous tourmentez pas. Je vais voir madame Morin... lui parler... (A Michel.) Toi, obéis à ta mère, et ne désespère pas.

MICHEL.

Oui, monsieur Mathurin, mais...

MATHURIN.

Va... va... tu es un bon garçon... tu sais que tu peux compter sur moi... seulement, il faut d'abord obéir à ta mère... Va, et ne pleure donc pas comme ça, grand benêt. (Michel sort.)

## SCÈNE V.

### MATHURIN, MARIETTE.

MATHURIN.

Tu l'vois, ma fille, en ce monde, tout ne va pas comme on le voudrait.

MARIETTE.

C'est vrai, père... et pourtant, si l'on s'entendait bien, comme on pourrait être heureux ! J'aime un bon garçon qui me demande en mariage ; vous, qui ne songez qu'à mon bonheur, vous l'acceptez...

MATHURIN.

Malgré son peu de fortune... mais la mère Morin est une brave femme... son fils est un bon garçon, travailleur... tu l'aimes... ça me suffit; mais voilà-t-il pas que ses idées de batailles, de guerre, lui reprennent... Eh mon Dieu, n'en avons-nous pas une plus sainte à faire : la guerre à l'ignorance, aux idées fausses... la guerre aux éléments et la conquête de la terre par l'agriculture? On a fait de grands progrès pour exterminer les hommes, on n'en a fait aucun pour faire croître le blé.

### RONDEAU.

Air : *de Rose et Marguerite.*

Lorsque l'éclair, enchaîné dans un câble,
Porte l'idée au bout de l'univers;
Quand la vapeur, ce levier formidable,
Crée un seul but à cent peuples divers;
Quand la nature, intarissable mère,
Ouvre son sein à qui veut s'y nourrir;
Lorsqu'on n'entend qu'un seul cri sur la terre,
Qu'il faut s'aimer et non s'anéantir,
Bientôt la guerre à tout jamais vaincue
Doit naufrager dans ses propres excès,
Et le héros qui plane dans la nue
Frémira d'aise à ce dernier succès.
Ce n'était pas un vain désir de gloire
Qui le guidait à travers les combats :
C'était la paix que cherchait sa victoire;
Mais le vaincu, lui, ne la voulait pas.
La lutte était fatale et nécessaire,
Mais autre temps, autre nécessité.
Aux champs de Mars où s'exerçait la guerre
Nous avons vu surgir l'humanité.
Nous avons vu dans la ruche féconde
Fraterniser les peuples et les rois[1] :
C'était la paix qui s'annonçait au monde,
Au grand honneur de Napoléon Trois[2].

1. Variante : Fraterniser les peuples confiants.
2.                C'est l'âge d'or promis à nos enfants.

8　L'AMOUR DE LA PATRIE.

Bientôt la guerre à tout jamais vaincue
Doit naufrager dans ses propres excès,
Et le héros qui plane dans la nue
Frémira d'aise à ce dernier succès[1].

## SCÈNE VI.

MARIETTE, MATHURIN, PLACIDE, venant de gauche et riant en se frottant les mains.

PLACIDE.
Bonjour, mon parrain... Ça va bien, mon parrain?
MATHURIN.
Te v'là, mauvais gas. Ça va pas mal, merci.
PLACIDE, riant.
Mamzelle Mariette! (Il salue et fait une révérence.)

---

[1]. La première représentation de cette pièce ayant eu lieu le 15 août, on a été obligé de substituer l'autre rondeau à celui-ci. — MM. les directeurs de province choisiront celui qui paraîtra devoir convenir le mieux à leur public.

Faut-il, quand Dieu, dans sa bonté suprême,
Vient nous donner de charmants rejetons,
Les arracher aux bras de qui les aime
Pour les jeter aux bouches des canons! —

Nous avons bien autre chose à combattre :
Nos ennemis se nomment les abus,
Les voilà ceux que nous devons abattre
Jusqu'au dernier, pour qu'il n'en reste plus. —
Fils du progrès, attaquons l'ignorance,
Les préjugés et les vieilles erreurs;
De ces fléaux débarrassons la France :
Nous n'aurons plus la guerre et ses fureurs! —
Pourquoi donc tant cultiver l'art qui tue?...
Triste argument que les gros bataillons

## SCÈNE VI.

MARIETTE, lui tournant le dos.

Laissez-moi tranquille, vous!

PLACIDE.

Ah! voui... vous êtes pas contente... je sais bien pourquoi... je viens de voir Michel... y m'a dit qu'il allait partir à la guerre... eh ben!... c'est juste!... c'est une famille de guerriers... eux!

MARIETTE.

Oui, tu n'en fais pas partie, toi.

PLACIDE.

Moi!

MATHURIN.

Oui, toi!

PLACIDE.

Moi... je ne peux pas... j'ai une épaule plus basse que l'autre... Chez moi, l'côté gauche a profité plus que l'côté

    Mieux vaut savoir diriger la charrue
    Et cultiver les blés dans les sillons. —
    En vain de gloire un conquérant s'enivre,
    L'art de détruire est de tous le plus sot,
    Tous les canons ne valent pas un livre,
    L'A, B, C, D vaut mieux qu'un chassepot! —
    Tous ces engins, ferraille militaire,
    Par nous un jour seront glanés en blocs,
    Ils serviront à labourer la terre,
    Lorsque la forge en aura fait des socs! —
    Au Dieu des champs nous en ferons offrande
    Et le travail reprendra son essor.
    En ce beau jour la France sera grande,
    Et ses enfants connaîtront l'âge d'or!

    Faut-il, quand Dieu, dans sa bonté suprême,
    Vient nous donner de charmants rejetons,
    Les arracher aux bras de qui les aime
    Pour les jeter aux bouches des canons! —

droit, c'est pas ma faute... mais avec mon habit des dimanches, ç'a n'se voit pas.

MARIETTE, à part.

Non, merci! (Haut.) Mais ce qui se voit c'est la vilaine figure et ton mauvais caractère.

PLACIDE.

Ah! voui... mon mauvais caractère! parce que vous aimez le p'tit Michel et que vous n'maimez pas. Mais quand y sera parti et que vous ne verrez pu que moi, vous n'direz pas de même.

MARIETTE.

Si, toujours.

PLACIDE, à Mathurin.

Toujours?

MATHURIN.

Et elle aura bien raison.

PLACIDE.

C'est bon... c'est bon, vous verrez, quand y seront tous partis à l'armée, que je serai tout seul, vous serez bien heureuse de m'unir à vous. C'est alors que vous me désirerez... et alors moi, je verrai... si je vous désire encore.

MARIETTE.

Voyez donc le joli merle, pour en vouloir autant qu'ça!

PLACIDE.

Joli merle... mais...

MATHURIN.

C'est bon... c'est bon... en voilà assez, nigaud.

PLACIDE.

Nigaud. Ah! mon parrain!

MATHURIN.

Mariette, va lui donner son déjeuner, et qu'il nous laisse la paix.

## SCÈNE VIII.

#### MARIETTE.

Allons, venez... mauvais gas! (Elle sort.)

#### PLACIDE.

J'y vas... j'y vas... et je veux boire un bon coup pour me réjouir du départ de ce fafiot Michel... Au revoir, parrain... Oh! c'est bien fait, c'est bien fait! (Il sort en riant comme un bossu.)

## SCÈNE VII.

#### MATHURIN, seul.

Mauvais garnement, va!... Michel parti ou non, jamais je ne donnerai ma fille à un singe de ton espèce.

## SCÈNE VIII

#### MATHURIN, JEANNE.

Jeanne sort de son auberge à droite. C'est une femme de cinquante-cinq à soixante ans. Belle tête, cheveux blancs, ayant encore toute l'énergie et la vigueur de la jeunesse.

#### JEANNE entre de droite.

Bonjour, voisin, ça va bien, ce matin? (Elle lui donne une poignée de main.)

#### MATHURIN.

Très-bien, mère Jeanne... et vous, ça ne va pas de même?

#### JEANNE.

Moi?

#### MATHURIN.

Oui... je viens de voir votre petit Michel; il est tout désolé.

JEANNE, sérieuse.

Ah! oui, je comprends ça... à son âge.

MATHURIN.

Enfin, voyons, pourquoi? Le mariage ne vous convient donc plus?

JEANNE, vivement.

Au contraire, monsieur Mathurin, ne croyez pas cela, j'en suis désolée... car vous êtes le plus honnête et le plus brave homme du canton... mais il le faut!...

## SCÈNE IX.

Les Mêmes, BENOIT, bègue.

BENOIT entre de gauche, en courant.

Ah! vous... vous... voi-voi-là ma-ma-ma-dame Morin... eh! eh! bien, qu'est-ce qui se passe donc? Votre petit Mi-mi-i-chel est dans la dé-désolation... il fait pi-pi-pi-tié.

MATHURIN.

Ah! il a été vous voir, monsieur Benoît?

BENOIT.

En ma qualité de secrétaire de la mairie et de professeur dans la commune, il est venu à mon bu-bureau, selon le désir de sa mè-mè-re, se faire inscrire pour être soldat. C'est à n'y-n'y rien comprendre, ma-ma-ma-dame Morin... co-co-ment! votre dernier?...

JEANNE.

Eh bien, qu'y a-t-il d'étonnant à ça?

BENOIT.

D'étonnant... mais d'incroyable... Moi qui suis employé du gou-gou-vernement... mais je ne lui donnerais pas mon fils... si j'en avais un, pour aller à la guerre... jamais!... jamais!...

MATHURIN.

Et vous auriez raison, si vous pouviez.

BENOIT.

Mais il arrivera un jour, monsieur Mathurin, où la guerre n'existera plus. Tout se terminera à la pa-pa-role. Quelle belle chose que la pa-pa-role!

## SCÈNE X.

Les Mêmes, MICHEL, revenant de gauche.

MICHEL.

Je viens de vous obéir, ma mère..., c'est fait.

JEANNE.

'est bien, Michel, je suis contente de toi.

(Entrent en scène Placide, finissant de déjeuner, et Mariette.)

## SCÈNE XI.

Les Mêmes, PLACIDE, MARIETTE.

MATHURIN.

Mais enfin, mère Morin, pourquoi ce nouveau sacrifice? Pourquoi, quand vous avez déjà un fils qui est peut-être mort à l'armée... envoyer faire tuer l'autre?

JEANNE.

Celui-là tuera peut-être et ne sera pas tué.

MATHURIN.

Oui, peut-être!...

JEANNE.

Eh bien, s'il tombe, il aura continué la tradition de la famille, et sera digne de nous et de son pays.

### BENOIT.
C'est su-superbe... mais je n'y-n'y comprends rien.
### JEANNE.
Oui, c'est à n'y rien comprendre... vous me croyez folle, n'est-ce pas?... Hélas! non. Si j'avais eu ce bonheur, il y a longtemps que j'aurais cessé de souffrir... Puisque vous voulez tout savoir, écoutez, et vous comprendrez... C'était en 1814, je venais de naître, les ennemis envahissaient la France. Triste pays alors que le nôtre! la trahison et la mort de tous les côtés... et vingt-cinq années de guerre n'avaient pas usé le courage de nos soldats. Mais, trahis de tous côtés, ils tombaient accablés sous le nombre... Car toutes les nations..., oui, toutes, et ce n'était pas trop pour nous réduire... On manquait de tout dans nos contrées, pas de travail, pas de nourriture... nos champs avaient été saccagés par nos ennemis... Triste... triste pays alors! Un soir de décembre, le vent du nord soufflait sur la montagne... et notre pauvre cabane à moitié délabrée nous abritait à peine, ma vieille grand'mère et mes deux frères aînés, car le père et la mère étaient allés dans la montagne essayer de nous rapporter quelque nourriture... En leur absence, un poste de vingt-deux Prussiens devait s'établir sur le *Hohneck*, le pic gigantesque des Vosges, pour surveiller de ce point les mouvements des populations armées dans les montagnes et dans les plaines... car dans ce temps-là, il n'y avait pas de choix... tout le monde était soldat pour défendre pied à pied le sol de sa patrie.
### PLACIDE.
Tout le monde... c'est trop, ça.
### JEANNE.
Les Prussiens en vedette sur la montage cherchaient un endroit pour s'abriter contre le froid... et trouvèrent notre pauvre demeure... qui n'était gardée que par une

vieille femme... et trois pauvres petits enfants; ils furent sans pitié et les jetèrent dans le ravin, au moment où mon père et ma mère revenaient au logis... Vous figurez-vous cela? voir se briser à ses pieds le corps de ses trois enfants et de sa mère?... Leurs mains glacées se serrèrent convulsivement. Il y eut là, croyez-moi, une des plus grandes douleurs qu'on puisse supporter..., puis brusquement, mon père s'élança sur un bloc de rocher, son fusil à la main...

PLACIDE.

Oh! là là!... ça fait froid dans le dos.

JEANNE.

« Arrête, lui dit ma mère avec un sang-froid sinistre... Ils sont vingt-deux... ton fusil n'en peut tuer que quelques-uns ; moi, je veux les tuer tous... pas un n'échappera, je te le promets... Enterre les morts, moi je vais les venger... »

PLACIDE.

Quelle femme !

BENOIT.

Ce-ce n'est pas une femme... c'est un n'ho-n'ho-homme...

JEANNE.

Elle s'élance vers la montagne pour y trouver une plante qu'elle connaissait parfaitement, l'herbe qui endort... Elle revient dans son jardin prendre des légumes cachés sous la terre, et entre dans la cabane... Les soldats saisissent ma mère, elle tombe à genoux et leur dit : « Je ne veux vous faire aucun mal ; je viens seulement apporter aux miens ce que j'ai trouvé dans la montagne pour les faire vivre encore quelques jours... » Un des soldats, qui comprenait le français, lui répondit que sa mère et ses enfants étaient à l'abri de la faim... « Allons! service pour service, donne-nous les légumes? — Soit, réplique ma mère, et je vais vous servir moi-même. »

Alors, elle jeta dans leur marmite ce que contenait son panier... et resta deux heures au milieu de ces hommes... Lorsque tout fut prêt, elle leur dit : « Allons, camarades, mangez ; vous l'avez bien gagné... » Elle les regarda tranquillement jusqu'à ce qu'un sommeil de plomb les eût tous envahis... Ma mère emporta leurs fusils hors de la cabane, mit le feu au foin et à la paille qui remplissait les soupentes... ferma et barricada les portes, et se laissant glisser sur le revers de la montagne, courut rejoindre mon père... Le pauvre homme était tout transformé... C'était de joie qu'il pleurait maintenant... car au moment de m'ensevelir comme les autres, il venait de s'apercevoir que les misérables, ne m'ayant porté qu'un seul coup, m'avaient étourdie sans me tuer. Le cher homme m'avait enveloppée dans son habit et tâchait de me réchauffer. Il me présente à ma mère sans dire un mot... les larmes étouffaient sa voix et tous deux à côté de cette grande tombe qui allait bientôt recevoir trois cadavres, ils se mirent à genoux pour remercier Dieu, cœur contre cœur, et la main dans la main.

MATHURIN.

Pauvre femme !... quel souvenir !

JEANNE.

« Eh bien ! mon homme, lui dit ma mère, en montrant la cabane en feu, ils sont là... tu vois que mes herbes valent mieux que ton fusil ! Maintenant il faut cacher leurs armes dans les rochers, afin qu'elles puissent servir aux enfants de la montagne pour achever notre œuvre. Mort à l'étranger ! mort aux ennemis de la France !... »

MATHURIN.

Ah ! je comprends maintenant.

JEANNE.

Et depuis, mon père a bien tenu parole. Vous con-

## SCÈNE XI.

naissez tous le sapin du vieux bûcheron; eh bien, à chaque ennemi qu'il abattait, il faisait une entaille à son arbre. Quand le grand orage d'il y a trois ans l'a fait tomber, il y en avait soixante-seize.

MATHURIN.

Soixante-seize... C'est vrai, je l'ai vu.

JEANNE.

Aussi sur les champs de bataille, j'ai fait ce que mon père m'avait appris à faire. Mon fils aîné est mort, tué par une balle ennemie, eh bien, c'est à mon autre fils, c'est à son frère de le venger... comme autrefois.

AIR : *T'en souviens-tu?*

Quand nous marchions, faisant guerres sur guerres,
La liberté nous guidait en chemin.
Tous combattaient, se défendaient en frères,
Et tous mouraient en se donnant la main.
Ces vieux héros que la gloire a fait naître
Que j'en ai vu tomber à mon côté !
On les voyait, hélas! tous disparaître, } *bis.*
Mais pour revivre à l'immortalité.

MATHURIN.

Allons, madame Morin, devant une conviction pareille, il n'y a rien à dire. Nous attendrons, mes enfants, nous attendrons un meilleur moment.

MICHEL.

Oui, ma mère, oui; c'est convenu, je partirai... C'est égal, c'est triste, allez... au moment... (Il montre sa fiancée.) N'est-ce pas, mamzelle Mariette?

MARIETTE, soupirant.

Oh! oui, monsieur Michel.

PLACIDE.

Allons donc, est-ce qu'on ne doit pas avoir du courage?... Renâcler comme ça pour revenger son frère... tu deverais rougir !

MICHEL.

Je deveriais rougir, moi!

PLACIDE.

Oui, toi.

MICHEL.

Pourquoi ça?

PLACIDE.

Parce que tu renâcles.

MICHEL.

Je renâcle!... Tiens, je voudrais ben t'y voir! Pourquoi qu't'y vas pas, toi?

PLACIDE.

Moi, j'ai pas de père, j'ai pas d'frère, j'ai pas besoin d'aller rouler ma bosse là-bas, moi; mais vas-y, toi, vas-y... (Finement.) Je te remplacerai... (Regardant Mariette)... au village.

MICHEL.

Toi! vilain magot.

PLACIDE.

Oui, moi! et après?

MICHEL.

Avant, j'te va rentrer ta bosse.

BENOIT, s'interposant.

La paix... la paix... mes amis... (A Michel.) Rien n'est encore désespéré. Nous-nous n'a-n'a-vons pas de nou-nou-de nou-nou-velles sûres d'abord.

MICHEL.

En attendant, faut toujours que je parte.

MATHURIN.

C'est juste, père Benoît, et nous en avons vu revenir de plus loin; n'est-ce pas vrai, mère Morin?

JEANNE.

Non, c'est impossible... mon fils ne m'aurait pas aissée si longtemps sans nouvelles. (A son fils.) Allons, Michel, viens tout préparer pour ton départ.

### SCÈNE XIII.

MICHEL.

Oui, ma mère (A Mariette.) Au revoir, mamzelle Mariette... ne m'oubliez pas !

MARIETTE, en pleurant.

Ni vous non plus, monsieur Michel.

MICHEL, pleurant.

Oh ! moi, soyez tranquille, après la guerre, je vous rapporterai ce qui restera de moi... Dans tous les cas, vous pouvez compter sur mon cœur tout entier.

JEANNE, le faisant sortir.

Allons, en vlà assez, grand nigaud. (Ils sortent.)

### SCÈNE XII.

PLACIDE, MATHURIN, BENOIT.

PLACIDE, riant comme un bossu, et se frottant les mains.

Sont-y drôles, grand ciel !... sont-y assez sentimentaleux !...

MATHURIN, qui causait au fond avec Benoît.

Vraiment ! monsieur Benoît... Alors rien n'est moins sûr que cela ?

BENOIT.

Venez avec avec moi à la mai-mai-rie ; nous avons des do-do-cu-cu-ments, monsieur Mathurin, et vous ju-ju-gerez vous-même. (Ils sortent à droite.)

### SCÈNE XIII.

PLACIDE, MARIETTE.

MARIETTE.

Quelle drôle de chose que la vie ! Ce matin j'étais si heureuse, et maintenant me voilà toute désespérée.

PLACIDE, qui était remonté, écoutant.

Désespérée... pourquoi donc ça?... Quand on peut pas avoir celui-ci, on a celui-là. (Il se montre.)

MARIETTE.

Vous... mais savez-vous seulement ce que c'est que d'aimer? de travailler et de se sacrifier pour ses enfants?

PLACIDE.

Il n'y a pas besoin de tout ça... c'est des farigolades. On doit pas s'marier pour des bêtises comme ça... on s'marie pour avoir... du bien... pour posséder...

MARIETTE.

Une femme?

PLACIDE.

Une femme... voui... faut bien... mais surtout pour posséder d'la terre, du bien... pour faire enrager l's'autres qu'en ont pas autant qu'vous! Des enfants? pourquoi faire?

MARIETTE.

Parbleu! pour laisser après nous quelque chose qui nous aime et qui prie pour nous le dimanche à l'église.

PLACIDE.

Ah! nom d'un sainfoin, qu'vous êtes encore jeune pour votre âge!... Des enfants... ça coûte trop cher à élever... et pis... pu tard, ça vous demande des dots pour se marier, s'établir, faut leu donner l'argent que vous avez gagné... pour s'en débarrasser... Vaut mieux pas en avoir... c'est pulôt fait.

MARIETTE.

Alors, v'là votre bonté à vous?

PLACIDE.

La bonté... c'est comme la beauté... n'y a pas besoin de ça pour faire un mari, c'est bon pour les fafiots! Est-ce que j'ai l'air d'un fafiot, moi?

## SCÈNE XV.

MARIETTE.

Oh! non, par exemple!

PLACIDE.

Eh bien! croyez-moi, j'ai tout de même ce qu'il faut pour faire un bon mari... vous verrez... Vous verrez ça plus tard.

MARIETTE.

Oh! non! jamais! jamais!

## SCÈNE XIV.

Les Mêmes, BENOIT, MATHURIN, entrant en courant et se dirigeant vers la porte de gauche.

MATHURIN.

Madame Morin... madame Morin... accourez... accourez vite, il y a de grandes nouvelles!

BENOIT.

De grandes nou-nou-ouvelles!

## SCÈNE XV.

Les Mêmes, JEANNE suivie de MICHEL.

JEANNE.

Qu'y a-t-il donc, mon voisin?

MATHURIN.

Il y a, mère Morin... Tenez, M. Benoît est là pour vous le dire.

BENOIT.

Oui, oui... Je... je... je suis là pour vous le dire. Mais pa-pa... mais pa-pa-pa-parlez, monsieur Mathurin.

MATHURIN.

Eh bien, on est sûr que plusieurs soldats portés pour

morts ont été sauvés dans une ferme aux environs de Villafranca.

#### JEANNE.

C'est possible, père Mathurin... mais rien ne me dit que mon fils, mon petit François est du nombre.

#### MICHEL.

N'importe, espérons toujours, mère.

#### MARIETTE.

Oui, mère Morin, espérez.

#### JEANNE.

Oh! chers enfants, je serais trop heureuse si c'était vrai! (Cris et bruit dans la coulisse.)

PLACIDE, qui était sorti depuis quelques instants, revenant en scène.

C'est malheureusement trop vrai... pour moi... mam' Morin, je viens d'apercevoir un jeune militaire entouré du p'tit Dachez, du gros Damas et du grand Calcagniot, qui se dirige de ce côté... C'est lui, allez... (Pleurant sans le vouloir.) C'est lui... ma joie vous dit assez que c'est lui.

TOUS, remontant vers la gauche.

Serait-il possible!... (Cris plus rapprochés.)

## SCÈNE XVI.

Les Mêmes, FRANÇOIS MORIN, encore dans la coulisse.

#### FRANÇOIS.

Merci, les amis... merci... dans une heure, je vous rejoins. (Entre en scène un jeune soldat, tenue de congé et décoré. Il se précipite dans les bras de sa mère.)

#### JEANNE.

Ah! c'est lui... Mon Dieu, c'est lui...

## SCÈNE XVI.

FRANÇOIS, l'embrassant.

Ma mère! ma bonne mère!... mon frère!... mes amis!...
(Ils lui serrent la main.)

JEANNE.

Comment, c'est toi, mon bon François... c'est bien toi?... Mes yeux ne me trompent pas?

FRANÇOIS.

Oui, chère mère, c'est bien moi.

PLACIDE.

Parbleu... on l'voit ben... qu'c'est lui.

JEANNE.

Mais pourquoi nous laisser sans nouvelles?

FRANÇOIS.

D'abord, ma mère, parce qu'il m'était impossible de vous en donner... ensuite, parce que je voulais vous faire une surprise.

JEANNE.

Une surprise!... Comment?

FRANÇOIS, montrant sa croix.

Eh ben, et ça?

JEANNE, regardant.

Ça! décoré! (Faisant le salut militaire.) Pardon, fils! d'abord, je n'avais vu que toi.

FRANÇOIS, l'embrassant.

Mère!

BENOIT.

Je suis tout-tout-tout ému.

JEANNE.

Mais enfin, comment se fait-il?

MATHURIN.

Oui... Comment avez-vous été porté pour mort?...

FRANÇOIS.

Comment... parbleu... parce que je l'étais.

TOUS.

Vous l'étiez?

FRANÇOIS.

Ou peu s'en faut... Tiens! c'était après l'attaque de la ferme du grand pré au-dessous de Villafranca... l'affaire avait été rude, longue... enfin, ça avait chauffé ferme...

JEANNE.

Comme autrefois...

FRANÇOIS.

Nous avions déjà chargé à la baïonnette... les autres fuyaient devant nous... et tout marchait bien, quand une vedette de gauche accourt nous dire qu'une dizaine des nôtres venaient d'être faits prisonniers par un petit nombre d'Autrichiens. « Allons, camarades, fait le capitaine... quelques hommes de bonne volonté pour dégager nos frères... » Je m'élance avec quelques autres.

JEANNE.

Bien. Très-bien.

FRANÇOIS.

Au bout de cinq minutes, les Autrichiens étaient couchés par terre ou mis en fuite. Mais comme je les poursuivais, un grand diable de kaiserlick se retourne et me décharge sa carabine en pleine poitrine... v'lan!... je tombe... plus personne... on me croit mort... on me ramasse... on me porte dans une ferme voisine... et le combat continue.

JEANNE.

Pauvre petit!

FRANÇOIS.

Quelques jours après, quand je repris connaissance, j'étais entouré de braves paysans... qui m'avaient recueilli... soigné, pansé... en un mot sauvé la vie; mais pendant longtemps, mère, impossible de vous écrire, et mes paysans non plus! vous n'auriez pas compris.

MATHURIN.

C'est juste, au fait.

## SCÈNE XVI.

FRANÇOIS.

Enfin, de retour au régiment après quelques semaines... et la campagne étant finie, j'ai demandé un congé pour vous offrir deux surprises... votre fils d'abord et la croix d'honneur... A présent, embrassez-moi, mère, embrassez-moi, je vous assure que je l'ai bien gagné.

JEANNE, dans ses bras.

François... mon François !

FRANÇOIS, à Michel.

Eh ben, petit frère, et toi, aimes-tu toujours la jolie petite Mariette, la fille à not' brave père Mathurin ?

MICHEL.

Plus que jamais, frère... Mais ma mère te croyait tué... elle voulait me faire partir pour te venger sur les Autrichiens.

FRANÇOIS.

Partir? jamais! Les Autrichiens, les Italiens; mais il y a des bonnes gens partout, puisque ce sont de malheureux paysans qui m'ont sauvé la vie.

JEANNE.

Et tu ne souffres plus de ta blessure?

FRANÇOIS.

Allons donc, c'est fini. J'ai fait la moitié de la route à pied.

JEANNE.

A pied!

FRANÇOIS.

Certainement!

MATHURIN.

Alors vous ne nous quitterez plus, François?

FRANÇOIS.

Pardon, monsieur Mathurin... pardon... je n'ai que

trois mois à passer avec vous... mais c'est plus qu'il n'en faut pour marier la gentille Mariette avec Michel... si elle le veut, pourtant.

MARIETTE, vivement.

Oh! je veux bien. (Baissant les yeux.) Si ça vous fait plaisir, monsieur François?

FRANÇOIS, la donnant à Michel.

Petite sournoise, va... (Se trouvant à côté de Placide.) Tiens, te voilà, toi, vilain magot, je ne t'avais pas vu.

PLACIDE, haut.

Ah! (Bas.) J'aurais bien voulu faire de même.

FRANÇOIS.

Qu'est-ce que tu dis?

PLACIDE.

Rien... Je dis que vous êtes beau sous l'uniforme. (Il lu serre la main.)

FRANÇOIS.

A la bonne heure!

MATHURIN.

Eh ben, mes enfants, à table... nous boirons au bonheur des futurs mariés et au retour du brave François.

BENOIT.

Oui, à... à... table... puisque nous sommes tous heureux... Espérons que bientôt on ne fera plus la guerre que par la pa-pa...

MATHURIN.

Role.

BENOIT.

Merci! j'allais le dire.

## SCÈNE XVI.

JEANNE, au public.

Air : *De Téniers.*

Si vous trouvez que j'ai rempli ma tâche,
Et que j'ai fait ce que j'avais promis,
Si chaque jour travaillant sans relâche
Tous mes devoirs enfin sont accomplis;
Si vous trouvez que Jeann' la vivandière
A mérité vos encouragements,
Applaudissez un peu pour la vieill' mère, } *bis.*
Applaudissez beaucoup pour ses enfants.

FIN.

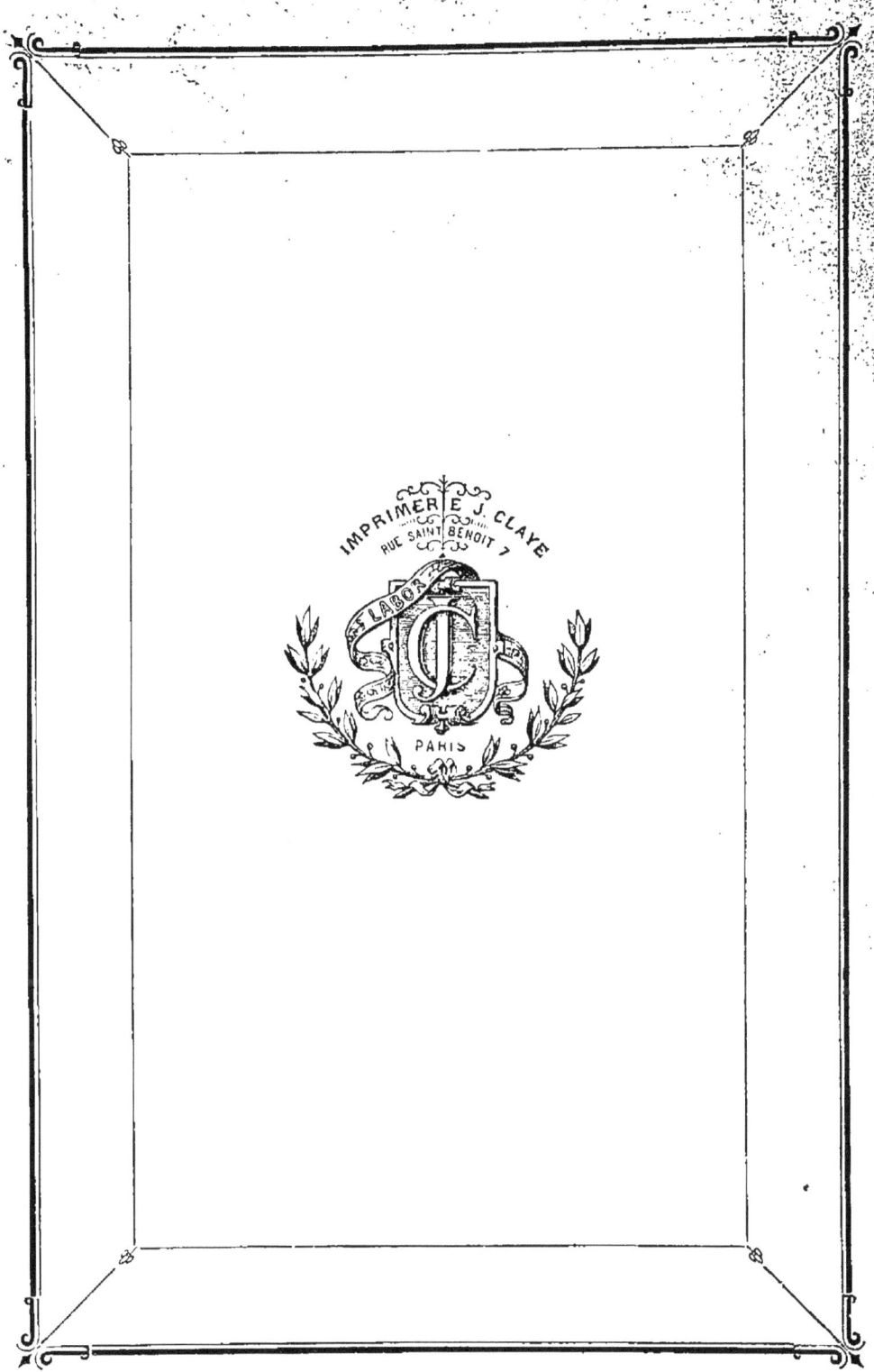

www.ingramcontent.com/pod-product-compliance
Lightning Source LLC
Chambersburg PA
CBHW060530050426
42451CB00011B/1729